COLLECTION

DE

M. BOITTELLE

SÉNATEUR

TABLEAUX FRANCAIS

CATALOGUE

DES

TABLEAUX

de

L'ÉCOLE FRANÇAISE

COMPOSANT LA

COLLECTION DE **M. BOITTELLE**, SÉNATEUR

Ancien Préfet de Police

DONT LA VENTE AURA LIEU

HOTEL DROUOT

Salle n° 7

Les Mardi 24 et Mercredi 25 Avril 1866

A DEUX HEURES

Par le ministère de **Me CHARLES PILLET**, Commissaire-Priseur,
rue de Choiseul, 14,

Assisté de **M. HORSIN-DÉON**, peintre, rue Chabanais, 1,

Et de **M. HARO**, Expert, rue Visconti, 14.

EXPOSITION PARTICULIÈRE	EXPOSITION PUBLIQUE
Le Dimanche 22 Avril 1866	Le Lundi 23 Avril 1866
DE UNE HEURE A CINQ	DE UNE HEURE A CINQ

Ce Catalogue se trouve :

A *Paris*, Chez MM. Charles PILLET, Commissaire-Priseur, rue de
Choiseul, 11.
— HORSIN-DÉON, peintre, rue Chabanais, 1.
— HARO, rue Visconti, 14.
A *Londres*. COLNAGHI, Pall-Mall-East, 14.
— JOHN WEBB, 22, Cork-Street, Burlington-Garden.
— H. DURLACHER, 113, New-Bond street.
— ANNOOT, 16, Old-Bond street.
— F. DAVIS, 101, New-Bond street.
— GAMBART, 120, Pall-Mall.
A *Bruxelles*, ETIENNE LEROY, 12, place du Grand-Sablon.
— HÉRIS.
A *Berlin*, FIOCATI, Unter den Linden, 21.
— LEPKÉ, Unter den Linden, 12.
A *Vienne*, ARTARIA et Ce.
— Maison GOUPIL, représentant M. KAESER.
A *Francfort-s.-Mein*, LŒWENSTEIN frères, Zeil.
— GOLDSCHMIDT, Zeil, hôtel de Russie.
— BAER (Antoine), place Schiller.
A *Saint-Pétersbourg*, NEGRI père et fils.
A *La Haye*, VAN GOGH, marchand d'estampes.
A *Rotterdam*, LAMME, conservateur du Musée.
A *Rome*, MENCHETTI, via Babuino.

CONDITIONS DE LA VENTE

Elle sera faite au comptant.

Les acquéreurs payeront *cinq pour cent* en sus des adjudications.

Cette galerie ne ressemble pas aux autres. Les Léonard de Vinci, les Raphaël, les Corrége, les Titien ne s'y trouvent pas par douzaines. On y chercherait en vain Rembrandt, Rubens, Velasquez, Murillo, Téniers, Ostade, Hobbéma et tous ces maîtres dont les noms illustres enrichissent les pages du moindre catalogue. Les grands peintres n'ont jamais été si féconds que depuis leur mort, et leur œuvre posthume dépasse de beaucoup l'œuvre qu'ils ont pu produire pendant leur vie. Pour expliquer un nombre si considérable de tableaux, il faudrait supposer que les ombres de ces artistes revenaient peindre, comme celle de saint Bonaventure finir ses mémoires. Cette remarque, si simple, a échappé aux amateurs désireux de se former un cabinet, et partout, sous la fumée du temps savamment épaissie, à travers les couches d'un vernis d'or, on voit de douteuses copies usurper les plus hautes appellations, sans que pour cela il faille suspecter en rien la bonne foi des possesseurs. La chimère est facile aux meilleurs esprits en quête de chefs-d'œuvre parmi les hasards des recherches ou les occasions des ventes.

La collection qui nous occupe ne renferme guère qu'une centaine de tableaux, mais une volonté a présidé à leur choix. Circonscrite dans un temps et dans une école, elle se compose exclusivement de ce qu'on pourrait nommer à bon droit « les petits maîtres de l'école française. » C'est dans son genre une chose complète qui n'existe pas ailleurs, et d'un intérêt pour ainsi dire historique. La réaction provoquée par David avait fait rentrer dans l'ombre, d'où ils commencent à sortir, une foule d'artistes charmants, dédaignés à tort pendant le règne de la peinture classique ; ce sont ces maîtres oubliés que la galerie de M. Boittelle remet en lumière.

En France, nous sommes à la fois très-orgueilleux et très-modestes. Nous méprisons nos qualités pour admirer celles d'autrui. Avec un dégoût plus bizarre que superbe, nous faisons fi des dons que le Ciel nous a libéralement accordés ; l'esprit, la grâce, la facilité, l'agrément nous semblent peu de chose, car ces mérites nous sont naturels ; ils sont dans le sang même de notre race, et constituent cette originalité que nous nous nions parce qu'elle ne nous coûte aucune peine. Notre prétention est le sérieux dans sa forme gourmée et tendue ; de l'esprit, fi donc ! du génie, à la bonne heure ! Que parlez-vous du joli ? nous voulons le beau. C'est fort bien, mais l'esprit et la grâce ont bien leur charme. Ce xviii⁰ siècle, si malmené par les pédants, n'en a pas moins produit un nouveau style, une forme inconnue de l'art, adoptée avec enthousiasme de toute l'Europe, et qu'on a essayé vainement de flétrir en l'appelant « rococo » : forme originale, charmante, flexible, se prêtant à tout, d'une invention et d'un caprice inépuisables, qui a changé l'architecture, la statuaire, la peinture, l'ornementation, le mobilier, le costume et jusqu'au moindre accessoire de la vie. De ces rénovations complètes de style, il n'y en a pas beaucoup dans l'histoire du monde : le style grec, le style gothique, le style renaissance, le style rococo, et c'est tout.

En se bornant à la recherche de ces petits maîtres, M. Boittelle a donné à sa galerie un cachet tout particulier. Les tableaux qu'il a réunis ont le mérite, outre leur agrément intrinsèque, d'une certitude absolue ; ils sont signés et datés. On n'a eu besoin, pour les baptiser, d'aucune attribution hasardeuse ou arbitraire ; leur conservation, en outre, est parfaite. Pas de repeints, pas de masticage, pas de sauce enfumée, pas de superposition de vernis : on dirait que les toiles viennent de quitter le chevalet.

Un morceau important et curieux de la collection est un magnifique portrait de femme par Louis David, avant sa conversion au style antique. Ce portrait est celui de Mᵐᵉ de Montgiraud, fille du peintre Ducreux. Mᵐᵉ de Montgiraud,

les cheveux poudrés, en jupe de satin blanc et en par-
dessus de soie jaune, est assise à son piano, les mains sur
le clavier, la tête tournée vers le spectateur, avec ce vague
regard qui commande le silence et sollicite l'attention.
L'exécution de ce beau portrait est libre, souple, spirituelle ;
le coloris a de l'harmonie et de la chaleur. On voit que la
préoccupation des statues et des bas-reliefs n'a pas roidi les
lignes et figé les tons sous le pinceau de l'artiste. Dans ce
morceau, il appartient encore à l'art charmant du xviiie siècle. Nous ne disons pas cela pour diminuer en rien ce sé-
vère novateur qui a créé un idéal de toutes pièces, fut original en croyant copier l'antiquité, et régna despotiquement
sur l'art, dont il changea la face ; mais cet échantillon si
pur et si complet de sa première manière n'en offre pas
moins un intéressant sujet d'étude. Il est étrange de voir
l'austère David, qui, cette fois, a sacrifié aux Grâces, prési-
der incognito cette assemblée de peintres coquets, spirituels
et délicats, contre lesquels plus tard il lança si souvent son
classique anathème.

On connaît par la gravure *la Visite à la nourrice* d'Aubry ;
mais ce que la gravure ne peut rendre, c'est le charme de
la couleur, l'esprit de la touche, le caractère même de cette
peinture si française et qui porte si bien sa date. La composition est ingénieusement arrangée et fait avec bonheur res-
sortir par un fond d'honnête rusticité l'élégance et la richesse
des parents qui viennent, de la ville à la campagne, visiter

le gras nourrisson dont les joues rougeaudes contrastent avec le teint pâle et délicat du jeune frère citadin se haussant pour l'embrasser. Un léger sentimentalisme à la Greuze attendrit cette jolie peinture. Rousseau a parlé, et si « monsieur » avait voulu, « madame » aurait sans doute nourri son enfant elle-même. Les scènes de famille commencent à succéder aux scènes de boudoir et de mythologie.

La Famille du menuisier, de Lepicié, qui porte le même titre qu'un célèbre tableau de Rembrandt, est une toile charmante, d'une harmonie de ton et d'une finesse de touche remarquables. La scène se passe dans une vieille chapelle, dont on aperçoit encore les colonnes gothiques à travers les planches, les charpentes et les aménagements nécessaires. Le menuisier, accoudé sur son établi, a cessé de pousser son rabot, et regarde avec admiration, lui qui peut-être ne sait pas ses lettres, sa fille à qui la grand'mère donne une leçon de lecture. La femme du menuisier, jeune et jolie sous sa simple cornette, est assise près de l'établi. Le grand-père, le dos tourné, se chauffe devant une cheminée à vaste hotte, pareille à une cheminée de campagne. Il y a dans ce petit tableau un délicieux sentiment d'intimité ; les fonds sont baignés de chaudes transparences qui font valoir les figures, et la vérité n'en exclut pas la grâce.

La collection de M. Boittelle ne compte pas moins de

sept ou huit Lepicié, tous plus jolis les uns que les autres. Rien de plus spirituel, de plus finement touché que ces têtes de jeunes fillettes frappées de reflets, égratignées de lumière, et si coquettes dans leur naïveté. Alors le but de l'art était de plaire, on évitait la laideur, tant cherchée aujourd'hui, et si l'on faisait un mensonge, il était gracieux. On se tromperait, d'ailleurs, en croyant à la fausseté de cet art si mignon, si poupin, si joli. En regardant les peintures de cette époque, on est surpris de la science réelle que possèdent ces peintres réputés frivoles. Ils connaissaient très-bien l'anatomie ; ils savaient dessiner, ils savaient peindre, ils savaient composer, et les extrémités ne les embarrassaient pas comme elles embarrassent peut-être plus d'une célébrité du jour.

Nous ne croyons pas qu'il soit possible de surpasser Moreau dans le paysage intitulé *Vue d'un parc*, pour l'élégance de la composition, l'esprit de la touche et la fraîcheur du ton. Un large escalier de marbre, que côtoyent des rampes ornées de vases, descend vers une eau frottée et transparente où frissonne le reflet des grands arbres. Cela est fait de rien, mais ce rien est tout. Une autre vue, qui semble prise dans le parc de Saint-Cloud, montre le grand jet d'eau s'élançant comme une fusée et retombant en bruine à travers l'épaisseur des arbres. Et de quelles délicieuses figurines sont animés ces paysages ! On dirait des esquisses de Meissonier.

Boucher a sa place nécessaire dans cette galerie. Il y est représenté par deux morceaux importants : *l'Amour puni* et *l'Amour pardonné*. Il y a dans les lois de Manou cette recommandation : « Ne frappez jamais une femme, même avec une fleur.» Si Vénus châtie l'Amour, ce n'est qu'avec un bouquet de roses, et elle se hâte de pardonner à ce mauvais garçon. Ces deux sujets sont de la meilleure manière de Boucher : un vrai grand peintre, petit-fils de Rubens et de Paul Véronèse, un des derniers qui aient su ployer le corps humain dans toutes les poses imaginables, avec la hardiesse des grands maîtres, et qui ait répandu à flots, sur toutes ses compositions, cette couleur claire, argentée, fouettée de roses, et si facilement lumineuse.

Il y a aussi du Boucher dans un paysage arrangé comme un décor d'opéra, un mélange charmant de statues, de colonnes, de pins d'Italie, de ponts rustiques, avec des bergères et des pêcheurs au premier plan. Cela n'est peut-être pas vrai; en tout cas, la nature a bien tort de ne pas y ressembler.

Les deux marines de J. Vernet charment par la facilité de la composition, la légèreté limpide de la couleur, l'ingénieux arrangement des figures, l'esprit et le piquant des détails, qualités toutes françaises, qu'il a été de mode de mépriser, mais qui ont bien leur prix.

Si Decamps, le plus original de nos maîtres modernes, a

jamais eu un prototype, c'est, à coup sûr, Bourguignon
dans ses fougueuses batailles où il fait s'entrechoquer avec
furie des reîtres et des Sarrasins aux armures bizarres.
Quelle énergie, quelle férocité, quelle ardeur de ton, quelles
belles croupes de chevaux écrasées sur leurs jarrets! Les
quatre plus beaux Bourguignon que nous ayons vus se
trouvent dans cette galerie.

Vous douteriez-vous que De Marne est presque le rival
de Berghem et de Karel-Dujardin ? Ce n'est pas un para-
doxe, et pour vous en convaincre, il vous suffira de voir
cette grande et importante composition représentant « des
paysans allant au marché ; » comme le ciel est fin et léger,
comme les lointains se noient dans la vapeur, comme les
animaux sont finement étudiés, comme les figures sont jo-
lies et spirituelles, et le jeune garçon qui boit au robinet
de la fontaine est une merveille de grâce et de couleur.

Nous ne pouvons tout dire ; mais signaler les tableaux de
Defrance, de Liége (il signe ainsi), si curieux et si intéressants par les détails qu'ils nous apprennent sur les premières
années de la Révolution, dont ils montrent le côté idyllique.
Citons les Nattier, les Largillière, les Ducreux, les Vestier,
les Boilly, les Swebach, les Mlle Gérard, les Sablet, les
Challe, les Drouais, les Mme Vigée-Lebrun, les Greuze ; et
tous ces maîtres charmants qui ne doivent rien à l'antique,
et qui ont représenté, sans en avoir conscience peut-être, le
véritable esprit de leur temps.

Une galerie ainsi composée a une valeur que ne saurait atteindre une collection de morceaux disparates pris dans toutes les écoles, et d'une authenticité toujours plus ou moins douteuse, surtout lorsqu'il s'agit des maîtres de l'école italienne, si habilement copiés et contrefaits. Elle affirme toute une période curieuse de l'art ; elle est sincère, elle est française, et ses moindres morceaux, pour leur certitude, leur mérite et leur agrément, seraient les bienvenus dans les plus élégantes habitations modernes.

THÉOPHILE GAUTIER.

TABLEAUX

AUBRY

(ÉTIENNE)

1 — La Première Leçon d'Amitié fraternelle.
(Gravé par N. DE LAUNAY.)

Une jeune femme de qualité et son mari viennent visiter leur dernier né confié aux soins d'une villageoise qui tient son nourrisson sur ses genoux et le fait embrasser par son jeune frère.

Cette scène charmante a été reproduite par la gravure qui l'a rendue très-populaire. Dans cette œuvre capitale, Aubry a presque égalé J. B. Greuze, par le mérite de l'exécution.

Signé à droite : Et. AUBRY, 1772.

Sur toile. Haut. 76 cent.; larg. 95 cent.

BARBAULT

2 — Portrait de l'abbé Terray.

Le ministre de Louis XV est vu en pied, vêtu de noir, se détachant sur un monument antique orné de bas-reliefs.

Signé à droite, 1766, à Rome.

Sur toile. Haut. 24 cent.; larg. 18 cent.

BERRÉ

(J. B.)

3 — Paysage et Animaux.

Des vaches, des moutons, une chèvre, un âne, paissent dans une prairie et sont gardés par une femme qui file debout près d'un grand arbre; à l'horizon, des arbres, des fermes, etc., etc.

Signé à gauche, J. B. BERRÉ, 1822.

Sur bois. Haut. 56 cent.; larg. 85 cent.

BILLECOQ

4 — Accessoires.

Différentes pièces d'armures, des livres, des fioles, etc.,
épars sur le sol ou groupés sur une table.

Sur toile. Haut. 46 cent.; larg. 36 cent.

BOILLY

(LOUIS-LÉOPOLD)

5 — La Mère de Famille.

Dans la campagne, une jeune femme tenant un livre,
se repose assise sur un tertre, au pied d'un arbre.

A sa droite se tiennent ses enfants : un petit garçon
et une jeune fille. Ils jouent avec un petit chien qui
aboie après une levrette debout devant eux.

(Tableau capital dans l'œuvre de Boilly).

Sur toile. Haut. 44 cent.; larg. 37 cent.

BOILLY

(LOUIS-LÉOPOLD)

6 — Les Caresses maternelles.

Une jeune femme, debout, contemple avec bonheur la bonne mine de sa belle et grosse fille dont elle tient la tête dans ses mains.

Sur toile. Haut. 45 cent.; larg. 37 cent.

BOILLY

(LOUIS-LÉOPOLD)

7 — Les deux Sœurs.

Dans un parc, prête à monter un escalier, une jeune fille porte sa petite sœur pour la dérober aux importunités d'un roquet qui les inquiète toutes deux.

Sur toile. Haut. 45 cent.; larg. 37 cent.

BOILLY

(LOUIS-LÉOPOLD)

8 — Avant la Toilette.

Signé dans le bas, à gauche, sur un carton.

Sur toile. Haut. 40 cent.; larg. 31 cent.

BOILLY

(LOUIS-LÉOPOLD)

9 — Les doux Effets de l'Harmonie.

Une jeune femme, les yeux levés vers un homme qui l'écoute avec un recueillement enthousiaste, chante en s'accompagnant de sa guitare.

Sur toile. Haut. 40 cent.; larg. 31 cent.

BOILLY

(LOUIS-LÉOPOLD)

10 — L'Enfant au Chat.

Un petit garçon tenant un chat est appuyé sur une table sur laquelle sont déposés un gigot, des côtelettes, etc., etc.

Sur bois. Haut. 19 cent.; larg. 26 cent.

BOISSIEU

11 — Tête de Vieillard.

Un vieillard, vu à mi-corps, la tête presque de face, figure pleine de bonhomie. D'une exécution large et moelleuse.

Sur toile collée sur panneau. Haut. 10 cent. sur 9 cent.

BOUCHER

(FRANÇOIS)

12 — L'Amour corrigé.

Descendue de son char et à demi couchée sur des nuages, Vénus s'est emparée de l'Amour qu'elle tient renversé; armée d'un bouquet de roses, elle fustige l'enfant trompeur près duquel gisent épars son arc, son carquois et ses flèches.

Signé à droite sur le char.

Sur toile. Haut. 80 cent.; larg. 1 mèt. 41 cent.

BOUCHER

(FRANÇOIS)

13 — L'Amour récompensé.

L'Amour désarmé, couché près de sa mère assise sur des nuages, cherche à s'emparer de son carquois que Vénus souriante tient suspendu au-dessus de lui.

Ces deux compositions, qui se font pendant, peuvent être considérées comme des plus importantes et de la meilleure manière du maître.

Signé à droite sur un nuage.

Sur toile. Haut. 80 cent.; larg. 1 mèt. 41 cent.

BOUCHER

(FRANÇOIS)

14 — Paysage pastoral.

(Gravé par GAILLARD, sous le nom : *le Moineau apprivoisé*.)

Le site est montagneux et très-accidenté; au centre coule un torrent dont les eaux tombent en cascades. Un pont au second plan le traverse; deux bergers et une bergère jouent avec un oiseau.

Sur toile. Haut. 1 m. 12 cent.; larg. 1 m. 44 cent.

BOUCHER

(FRANÇOIS)

14 *bis* — Paysage avec Ruines.

Des débris d'architecture, colonnes, entablements, pyramides encore debout, ombragés d'arbres pittoresquement massés, des moutons, des vaches au repos, une jeune fille montée sur un âne qui s'entretient avec son berger, composent ce tableau pastoral.

Sur toile. Haut. 1 m. 27 cent.; larg. 96 cent.

BOURGUIGNON

(JACQUES COURTOIS, dit le)

15 — Bataille.

Le combat s'étend au loin dans la plaine, mais sur le premier plan la cavalerie européenne poursuit les Turcs.

Sur toile. Haut. 97 cent.; larg. 2 mètres.

BOURGUIGNON

(JACQUES COURTOIS, dit le)

16 — Bataille.

Les Turcs ont surpris une armée européenne, et portent dans ses rangs le désordre et le carnage. Sur le premier plan, un porte-drapeau se sauve épouvanté; à gauche, Bourguignon s'est représenté lui-même, fuyant, vêtu d'une casaque rouge.

Pendant du précédent.

Sur toile. Haut. 97 cent.; larg. 2 mètres.

BOURGUIGNON

(JACQUES COURTOIS, dit le)

17 — Combat de Cavalerie.

Sur tous les plans du tableau, des escadrons sont aux prises. Mais sur le premier, un groupe de Tartares est enveloppé par des Européens qui semblent ne vouloir faire aucun quartier.

Sur toile. Haut. 87 cent.; larg. 1 m. 77 cent.

BOURGUIGNON

(JACQUES COURTOIS, dit le)

18 — Combat de Cavalerie.

Cavaliers et fantassins sont aux prises dans la plaine. Deux escadrons s'abordent le pistolet au poing, et près des combattants, des trompettes sonnent la charge.

Pendant du précédent.

Sur toile. Haut. 87 cent., sur 1 m. 77 cent.

BRUANDET

19 — Paysage avec Figures.

Sur bois. Haut. 36 cent.; larg. 66 cent.

CASANOVA & HUE

20 — Paysage et Animaux.

Un taureau, un veau et une vache se désaltèrent à un ruisseau dans lequel leur gardienne se baigne les pieds.

La signature Casanova et Hue se voit à gauche sur le tertre où la jeune femme est assise.

Provient du château d'Amboise.

Sur toile. Haut. 1 m. 12 cent.; larg. 1 m. 48 cent.

CHALLE

(CHARLES-MICHEL-ANGE)

21 — La Lecture.

Dans l'intérieur d'une chambre, une jeune femme coiffée d'un chapeau de paille, semble lire avec intérêt, un livre placé devant elle.

Signé en haut, à droite dans le tableau avec la date 1789.

Sur toile. Haut. 58 cent.; larg. 47 cent.

CHALLE

(CHARLES-MICHEL-ANGE)

22 — L'Amour guidant la Beauté.

Une jeune fille traverse à la nage un lac soutenue sur les eaux par trois Amours que semble guider un quatrième.

Sur toile. Haut. 31 cent.; larg. 40 cent.

105 —

CHARDIN

(Attribué à)

23 — Portrait de Madame du Chatelet.

Vêtue d'une robe de soie blanche, une fourrure jetée sur ses épaules, elle est assise tenant un livre d'une main et un papier sur lequel sont tracées des figures géométriques.

Sur bois. Haut. 48 cent.; larg. 36 cent.

1020 —

CHARLET

24 — L'Embuscade.

Scène de brigands.

Signé à gauche.

Sur toile. Haut. 46 cent.; larg. 57 cent.

500 —

CHARPENTIER

25 — L'Écolier.

Il est assis sur une chaise devant une table sur laquelle
il est appuyé tenant dans une main un livre à demi
ouvert.

Sur toile. Haut. 70 cent.; larg. 55 cent.

CHATELET

26 — Paysage.

Vue d'un lac bordé de rochers. Des petites figures de
laveuses animent le paysage.

Signé et daté à droite sur la fontaine.

Sur toile ovale. Haut. 60 cent.; larg. 50 cent.

CHATELET

27 — Paysage.

Autre vue du même lac, pendant du précédent.

Signe et daté 1786, sur une pierre à gauche.

Ovale. Haut. 60 cent.; larg. 50 cent.

CHÉRY

(PHILIPPE)

28 — Le Jeune Volontaire. (Le père arme son fils pour
la défense de la patrie.)

Ce tableau, en outre de l'intérêt du sujet, donne une idée
exacte des mœurs et des costumes de 1789. Dans le fond,
comme décoration de l'appartement, sont deux tableaux
qui représentent la prise et la démolition de la Bastille.
A droite, l'artiste dessine cette scène patriotique.

Sur toile. Haut. 96 cent.; larg. 1 m. 30 cent.

DANLOUX

(PIERRE — 1745-1809)

29 — Une Jeune Mère.

Elle est assise près du berceau dans lequel son enfant
est endormi.

Elle semble par son attitude réclamer le silence.

Sur toile. Haut. 1 m. 37 cent.; larg. 97 cent.

DANLOUX

(PIERRE — 1745-1809)

30 — Portrait d'homme.

Époque de la révolution.

Sur toile ovale. Haut. 66 cent.; larg. 52 cent.

DAVID

(LOUIS)

31 — Portrait de Madame de Mongiraud.

Fille aînée du peintre Ducreux, artiste elle-même, elle est représentée assise, touchant du piano. Sa tête est tournée du côté du spectateur qu'elle regarde en souriant; ses cheveux poudrés sont retenus par un ruban blanc; sa robe est de satin, et son par dessus est en soie jaune; un fichu de dentelle couvre ses épaules. Des cahiers de musique, des livres, une palette, une toile sur un chevalet terminent l'ensemble de ce curieux portrait qui provient directement de la famille.

L'exécution de cette composition importante est de la première manière de David. Jamais ce peintre n'a réussi avec autant de bonheur à rendre la grâce, l'esprit, la beauté, comme dans ce portrait qui est en même temps la plus belle leçon de peinture et la physionomie d'une époque de la société française.

Sur toile. Haut. 1 m. 82 cent.; larg. 1 m. 23 cent.

DEFRANCE DE LIÉGE

(LÉONARD — 1735-1805)

32 — Abolition de la Servitude.

L'ordonnance royale est affichée à la porte de l'Église, e curé en donne lecture à des paysans qui l'entourent.

Sur un tertre élevé, le buste du roi est placé au centre d'un bouquet d'arbres. Une couronne de fleurs est suspendue au-dessus de sa tête. Des jeunes filles, des jeunes garçons dansent en rond autour de ce trône improvisé. Sur le premier plan, de jeunes villageois forment un trophée d'instruments aratoires qu'ils entourent de guirlandes de fleurs. Le châtelain et la châtelaine assistent à cette manifestation.

Les productions capitales de ce maître sont aussi rares que recherchées des amateurs.

Signé à droite sur le mur de la chapelle.

Sur bois. Haut. 73 cent.; larg. 97 cent.

DEFRANCE DE LIÉGE

(LÉONARD — 1735-1805)

33 — Le Militaire en Permission.

Il est en grand costume, entouré d'une famille de paysans qui prêtent une grande attention au récit qu'il paraît leur faire.

Dans le fond, un jeune paysan, profitant de la préoccupation générale, lutine une servante montée sur une échelle.

Signé en bas à droite.

Sur bois. Haut. 42 cent.; larg. 59 cent.

DELERIVE

(N. A.)

34 — Un Cavalier.

Signé à gauche, N. A. DELERIVE.

Sur bois. Haut. 55 cent.; larg. 40 cent.

DE MARNE

(JEAN-LOUIS)

35 — Le Départ pour le Marché.

Des paysans sur une route qui serpente dans un paysage montagneux et accidenté, se rendent au marché.

Au fond, on aperçoit une charrette traînée par plusieurs chevaux. Au centre, un cavalier marchant de compagnie avec un piéton. Sur le premier plan, un campagnard traînant un porc dans une brouette, aidé par son petit garçon. Une fontaine où viennent s'abreuver les troupeaux. Une femme sur son âne, etc. etc., rendent ce tableau des plus intéressants et des plus animés.

Composition capitale de De Marne. —Signé à droite.

Sur toile. Haut. 89 cent.; larg. 1 m. 15 cent.

DE MARNE

(JEAN-LOUIS)

36 — Paysage et Animaux.

Dans une prairie bornée par des montagnes, des animaux (exécutés avec un grand soin et un grand fini) animent le paysage; des villageois et villageoises, à l'ombre d'un vieux chêne, dansent au son du chalumeau.

Sur bois. Haut. 43 cent.; larg. 46 cent.

DE MARNE

(JEAN-LOUIS)

37 — L'Ane malade.

Des paysans s'occupent à relever un âne qui est étendu malade sur de la paille, le fermier est debout et semble accablé de sa perte.

Ce tableau est un épisode des misères villageoises.

Haut. 39 cent.; larg. 46 cent.

DE MARNE

(JEAN-LOUIS)

38 — La Partie de Cartes.

Deux militaires, dont l'un a conservé son épée et sa cuirasse, jouent aux cartes.

Une jeune femme, assise sur une table couverte d'un tapis de Turquie, suit avec intérêt les péripéties de la partie ; une autre, debout, verse à boire aux joueurs. Par la porte entr'ouverte, on aperçoit une sentinelle et un porte-drapeau.

Sur bois. Haut. 19 cent.; larg. 25 cent.

DE MARNE

(JEAN-LOUIS)

— La Prise d'Armes.

Le tambour s'est fait entendre ; chacun dans le vieux castel se prépare au combat ou au départ.

Le seigneur du lieu reçoit les adieux de son fils ; sa mère est toute en pleurs.

Sur bois. Haut. 19 cent.; larg. 25 cent.

DE MARNE

(JEAN-LOUIS)

40 — Le Trompette.

Dans l'intérieur d'un cabaret hollandais et près d'une fenêtre, le trompette est debout, campé, tenant un papier à la main ; il chante avec un tel entrain, qu'il semble avoir oublié son accompagnatrice qui a cessé de pincer de sa guitare pour boire avec un officier assis sur une table placée derrière elle.

D'autres personnages et divers accessoires complètent l'ensemble de ce petit tableau, remarquable par son exécution.

Sur bois. Haut. 22 cent.; larg. 22 cent.

DE MARNE

(JEAN-LOUIS)

41 — Le Passage du Gué ou l'amour filial.

Dans un paysage animé par des figures et des animaux, une jeune femme et un homme font passer le gué à un vieillard qu'ils portent assis sur un bâton.

Signé à gauche.

Sur bois. Haut. 24 cent. sur 31 cent.

DE MARNE

(JEAN-LOUIS)

42 — Paysage et Animaux.

Dans une vallée accidentée, des chèvres, des moutons, sont gardés par une femme assise sur un tertre près d'un vieil arbre, et tout en filant, elle s'entretient avec un paysan debout devant elle.

Signé à droite.

Sur bois. Haut. 28 cent.; larg. 36 cent.

DESGOFFE

(BLAISE)

43 — Objets de Curiosité.

Reproduction d'un buste en ivoire, vases, bijoux, etc., de la collection Sauvageot.

Signé sur le socle.

Sur toile marouflée sur panneau. Haut. 44 cent.; larg. 32 cent.

DIAZ

44 — Paysage.

Vue prise en Orient.

Signé à gauche.

Haut. 31 cent.; larg. 45 cent.

DRÖLLING

(MARTIN, le père)

45 — Retour de la Fille coupable.

Vêtue encore de satin et de soie, une jeune paysanne vient se jeter aux genoux de son vieux père. Sa mère, debout sur le seuil de la porte de la chaumière, remercie le ciel qui lui rend sa fille repentante.

Signé à droite, et daté 1796.

Sur bois. Haut. 60 cent.; larg. 55 cent.

DROUAIS

(HUBERT, le père)

46 — Portrait de Femme.

Vue en buste, une guirlande de fleurs est jetée sur ses épaules.

Signé à gauche, 1705.

Sur toile. Haut. 77 cent.; larg. 60 cent.

DROUAIS

((FRANÇOIS-HUBERT, le fils)

47 — Portrait d'une Cantatrice.

Elle est vue jusqu'aux genoux, assise près de sa toilette, tenant un cahier de musique dans les mains.

Son costume de satin blanc est relevé de rubans roses et de dentelles. Sa coiffure poudrée est ornée de plumes et de perles.

Signé à gauche, 1761.

Sur toile. Haut. 1 m. 13 cent.; larg. 87 cent.

DROUAIS

(FRANÇOIS-HUBERT, le fils)

48 — Portrait d'une jeune Femme jouant de la Harpe.

Elle est également vue jusqu'aux genoux. Sa robe est de soie bleue ornée de larges manchettes de dentelle.

Des plumes et une guirlande de fleurs sont posées sur sa coiffure poudrée.

Pendant du précédent.

Signé à gauche sur la harpe et daté 1760.

Sur toile. Haut. 1 m. 11 cent.; larg. 87 cent.

DROUAIS

(FRANÇOIS-HUBERT, le fils)

49 — Madame d'Aigremont.

Portrait de femme en costume de veuve.

Derrière l'ancienne toile était écrit : Drouais le fils, 1756.

Sur toile. Haut. 80 cent.; larg. 64 cent.

DUCREUX

(JOSEPH)

50 — Portrait de l'Artiste.

Il est vu en buste, le corps de profil, la main passée dans son habit.

La tête est tournée du côté du spectateur qu'il regarde avec une expression railleuse.

(Gravé sous le titre du Moqueur).

Sur toile. Haut. 80 cent.; larg. 64 cent.

DUMESNIL

(P. F.)

51 — La Dispute.

Gravé sous le titre le TOUCHER.

Deux jeunes garçons se battant, l'un renversé à terre, reçoit de l'autre qu'il tire par les cheveux de vigoureuses bourrades. Un ouvrier cherche à mettre fin au combat en lançant sur eux un seau d'eau.

Ovale sur toile. Haut. 45 cent.; larg. 37 cent.

DUPLESSIS

(JOSEPH-SIFRÈDE)

52 — Portrait de Necker.

Gravé.

Il est vu en buste, son habillement est de velours rouge presque brun avec jabot de dentelle.

Remarquable par son exécution.

Sur toile ovale. Haut. 71 cent.; larg. 57 cent.

DUPLESSIS

(JOSEPH-SIFRÈDE)

53 — Portrait d'Homme.

Il est également vu en buste. On croit que c'est le portrait du duc d'Orléans (père du roi Louis-Philippe).

Son habit de chasse est vert galonné d'or.

Sur toile ovale. Haut. 71 cent.; larg. 57 cent.

DUPLESSIS

(MICHEL)

54 — Halte de Cavaliers.

Au bord d'une rivière et près d'un pont en ruines, des cavaliers et un tambour sont arrêtés. Une femme chargée d'une hotte semble renseigner ce dernier sur la route à suivre.

D'autres figures dans un paysage qui s'étend jusqu'à un horizon lointain.

Signé à droite M. H. Duplessis.

Sur bois. Haut. 32 cent.; larg. 40 cent.

DUPLESSIS

(MICHEL)

55 — Paysage et Figures.

Des cavaliers, un chariot et quelques personnages sur une route près d'une rivière traversée par un pont.

Pendant du précédent.

Signé à droite.

Sur bois. Haut. 33 cent.; larg. 41 cent.

FRANÇAIS

56 — Paysage avec Figures.
Signé à droite.

Sur bois. Haut. 24 cent.: larg. 34 cent.

FLANDRIN

(HIPPOLYTE)

57 — Saint Jean-Baptiste, Siméon et Zacharie.

Première pensée pour l'église de Saint-Germain-des-Prés.

Sur toile. Haut. 33 cent.; larg. 17 cent.

GÉRARD

(Mlle MARGUERITE)

58 — Le Message.

Une jeune femme vêtue de blanc et une dame âgée sont debout près d'une table sur laquelle une corbeille de fleurs est posée; elles lisent une lettre présentée par un jeune page.

Signé à gauche.

Sur toile. Haut. 55 cent.; larg. 45 cent.

GRENIER SAINT-MARTIN

59 — Le Coup de Vent.
Gravé.

Sur toile mise sur panneau. Haut. 45 cent ; larg. 37 cent.

GREUZE
(J. B.)

60 — Une Vestale.

Elle est vue à mi-corps, et ses regards sont baissés ; un voile de gaze jeté sur sa chevelure blonde descend sur sa tunique bordée d'un galon d'or.

(Collection du duc de Morny.)

Sur toile ovale. Haut. 55 cent.; larg. 45 cent.

GREUZE
(J. B.)

61 — Portrait d'un grand Seigneur.

Son habit est de velours bleu enrichi de brandebourgs de passementerie d'or, son gilet, d'où s'échappe un jabot de dentelle, est de drap d'or et d'argent ; la croix de Saint-Louis est attachée sur sa poitrine.

Cette peinture, exécutée dans la jeunesse de Greuze, est remarquable par son exécution et sa conservation.

Sur toile. Haut. 64 cent.; larg. 54 cent.

HUET

(J. B.)

62 — **La Bergère et les Amours.**

Sur toile. Haut. 71 cent.; larg. 1 m. 20 cent.

JEAURAT.

(ET.)

64 — **Achille partant pour combattre Hector.**

Il laisse à Thétis, sa mère, le soin des funérailles de son ami Patrocle, et part pour venger sa mort.

Admis à l'exposition de 1753.

Sur toile. Haut. 1 m. 28 cent.; larg. 1 m. 60 cent.

LABILLE DES VERTUS

(Mme ADÉLAIDE GUIARD, ensuite Mme VINCENT)

64 — Portrait de Femme en buste.

Sa robe est de satin blanc doublée de velours rouge.

Signé à droite et daté 1780.

Sur toile ovale. Haut. 75 cent.; larg. 60 cent.

LAGRENÉE

65 — Loth et ses Filles.

Sur toile. Haut. 1 m. 2 cent.; larg. 1 m. 34 cent.

LAGRENÉE

66 — L'Offrande.

Une jeune bergère orne de guirlandes de fleurs un autel surmonté d'une statue de l'Amour.

Signé en bas à droite.

Sur bois. Haut. 24 cent.; larg. 19 cent.

DE LARGILLIÈRE

(NICOLAS)

67 — Portrait d'une Dame de la Cour (époque de Louis XIV).

Elle est représentée en Naïade et vue jusqu'aux genoux ; assise sur un tertre, le bras gauche posé sur une urne d'où s'échappe une source.

Peinture largement exécutée et d'un magnifique coloris.

Sur toile. Haut. 1 m. 37 cent.; larg. 1 m. 4 cent.

DE LARGILLIÈRE

(NICOLAS)

68 — Portrait de Devret, graveur.

Il est debout vêtu d'une robe de velours cramoisi. Sur une table de bois doré placée près de lui sont des gravures, sur lesquelles il semble, de la main, appeler l'attention des spectateurs.

Signé à gauche et daté 1722.

Sur toile. Haut. 65 cent.; larg. 52 cent.

LAJOUE

(JACQUES)

69 — Vue prise dans un Parc.

Au centre est un escalier monumental orné de jets d'eau et de statues.

Signé à gauche sur une pierre.

Sur toile ovale. Haut. 67 cent.; larg. 52 cent.

LATOUR

70 — Portrait de l'Artiste.

Il est vu en buste de trois quarts et souriant.

Son habit est de velours bleu clair. (Pastel.)

Haut. 44 cent.; larg. 35 cent.

LATOUR

71 — Portrait de Capis.

Violoniste célèbre. (Pastel.)

Haut. 44 cent.; larg. 35 cent.

LAURENT

72 — La Belle Laure.

Elle est assise sur une terrasse, tenant une mandoline
sur ses genoux.

Haut. 36 cent.; larg. 27 cent.

LEBRUN

(VIGÉE)

ou VESTIER (ATTRIBUÉ A)

73 — Portrait de jeune femme.

Sur toile ovale. Haut. 67 cent.; larg. 54 cent.

LEBRUN

(Mme L. E. VIGÉE)

74 — Portrait de l'artiste.

Jeune alors, elle s'est représentée se regardant dans
une glace, assise devant son chevalet et le pinceau à la
main.

Sur toile. Haut. 79 cent.; larg. 63 cent.

3

LEFÈVRE

(CLAUDE)

75 — Portrait d'Homme.

Il est assis sur une chaise ; d'une main il tient un livre,
de l'autre il caresse une levrette.

Signé sur le papier qu'il tient à la main et daté 1760.

Sur toile. Haut. 90 cent.; larg. 71 cent.

LEMOINE

(FRANÇOIS)

76 — Iris au bain.

Gravé par Laurent Cars.

Mortel, fuyez loin de ces lieux,
Iris à votre vue étale ici ses charmes.
Amour se cache, il tient ses armes,
Craignez pour votre cœur le plaisir de vos yeux.

Sur toile. Haut. 1 m. 54 cent.; larg. 1 m. 8 cent.

LÉPICIÉ

(NICOLAS-BERNARD)

77 — La Famille du Menuisier.

Exposé au Salon de 1778 et gravé.

Réunie dans l'atelier, elle se compose de sa femme, de ses trois enfants et d'une grand'mère. Cette dernière, assise sur le premier plan, donne une leçon de lecture à sa petite fille, les progrès de l'enfant sont sans doute surprenants, car le menuisier et sa jeune ménagère ont suspendu leurs travaux pour l'écouter avec le plus tendre intérêt. Un des deux petits garçons mange un morceau de pain tandis que l'autre affûte un ciseau et qu'un vieillard près du feu surveille la cuisson de la colle. Des accessoires distribués çà et là terminent l'ensemble de ce tableau qui fit une grande sensation et la réputation du peintre par la bonhomie et l'expression des personnages ; et dont le talent, suivant un critique autorisé, M. Charles Blanc, « est placé comme un trait d'union entre le sentimental Greuze et le naïf Chardin. »

Signé dans le bas à droite.

Sur toile. Haut. 48 cent.; larg. 60 cent.

LÉPICIÉ

(NICOLAS BERNARD)

78 — Le Devoir Maternel.

Gravé par Ph. Lebas auquel il appartenait.

C'est une jeune paysanne qui, avec une tendre sollici-
tude, fait boire dans une cuiller de bois son petit nourrisson qu'elle tient à demi couché sur ses genoux.

Signé à droite.

Sur bois. Haut. 44 cent.; larg. 36 cent.

LÉPICIÉ

(NICOLAS-BERNARD)

79 — La Collation.

Lépicié a fait de ce tableau un superbe dessin faisant
partie de la collection de MM. de Goncourt.

Un artisan à la physionomie heureuse et gaie tient
entre ses jambes un petit garçon qui paraît aussi bon
vivant que son grand-père. Un arrosoir et divers accessoires semblent indiquer la profession du personnage
que l'on croit être de la famille du peintre.

Signé à droite, N. B. Lépicié, 1777.

Sur bois. Haut. 45 cent.; larg. 36 cent.

LÉPICIÉ

(NICOLAS-BERNARD)

80 — La Visitation.

A la porte de sa demeure, sainte Elisabeth reçoit avec respect la Vierge qui vient la visiter.

Un peu en arrière, saint Joseph et Zacharie s'embrassent avec effusion.

Sur le premier plan formant repoussoir, un paysan décharge les bagages des voyageurs.

Signé sur les marches de l'escalier et daté 1763.

Sur toile. Haut. 56 cent.; larg. 35 cent.

LÉPICIÉ

(NICOLAS-BERNARD)

81 — L'Amour.

Une flèche dans la main, les ailes à demi déployées, il est debout appuyé sur son arc.

A ses pieds se voient les pièces d'une armure mêlées à des branches de laurier.

Signé à droite dans le gazon et daté 1778.

Sur toile maroufflée sur bois, ovale. Haut. 67 cent.; larg. 48 cent.

LÉPICIÉ

(NICOLAS-BERNARD)

82 — Psyché.

Semant des fleurs sur son passage.

Pendant du précédent.

Signé à gauche et daté 1775.

Ovale sur toile. Haut. 67 cent.; larg. 48 cent

LÉPICIÉ

(NICOLAS-BERNARD)

83 — Portrait d'un Savant.

C'est celui d'un vieillard coiffé d'une perruque poudrée.

Il tient dans ses mains une lorgnette et il est assis près
d'une table sur laquelle est un télescope.

Exécution remarquable.

Ovale sur toile. Haut. 91 cent.; larg. 73 cent.

LÉPICIÉ

(NICOLAS-BERNARD)

84 — La Pelotonneuse.

Une petite fille vêtue d'un casaquin jaune rayé, d'un tablier à bavette, le coude appuyé sur une table à ouvrage, semble avoir cessé de pelotter le fil qu'elle tient dans la main, pour écouter.

Signé à droite sur le tiroir.

Sur toile mise sur bois. Haut. 32 cent.; larg. 24 cent.

LÉPICIÉ

(NICOLAS-BERNARD)

85 — Une petite Bourgeoise.

Elle est vue en buste, et l'expression de son visage indique la finesse et l'observation.

Signé à gauche.

Sur bois. Haut. 21 cent.; larg. 18 cent.

LÉPICIÉ

(NICOLAS-BERNARD)

86 — La petite Sournoise.

Costume de paysanne. L'expression de la tête et l'exécution de ce petit tableau le mettent au premier rang
dans l'œuvre de ce maître.

Signé à gauche et daté 1774.

Sur bois. Haut. 16 cent.; larg. 14 cent.

LÉPICIÉ

(NICOLAS-BERNARD)

87 — Le petit Indigent.

C'est un gros garçon de neuf ou dix ans qui tend des
deux mains son petit bonnet.

Exposé en 1783.

Signé à gauche.

Sur bois. Haut. 11 cent.; larg. 7 cent.

LÉPICIÉ

(NICOLAS-BERNARD)

88 — La petite Indigente.

Son costume misérable, son air suppliant, appellent l'aumône dans la main qu'elle tend aux passants.

Pendant du précédent.

Signé à droite, 1784.

Sur bois. Haut. 11 cent.; larg. 7 cent.

LEPRINCE

(JEAN - BAPTISTE)

89 — La Crainte.

Gravé par N. Lemire.

Dans l'intérieur d'une somptueuse chambre à coucher, une jeune femme étendue sur un lit en désordre près duquel sont deux fauteuils, dont l'un est renversé, deux tasses et une chocolatière sur un guéridon, est mise tout en émoi par les aboiements de son petit chien qui annonce l'approche d'un importun.

Signé à gauche, 1769.

Ce tableau provient du cabinet du duc de Liancourt.

Sur toile. Haut. 48 cent.; larg. 63 cent.

LEPRINCE

(XAVIER)

90 — Paysage avec Figures et Animaux.

Signé au bas X. LEPRINCE, 1817.

Sur toile. Haut. 45 cent.; larg. 61 cent.

LEPRINCE

(XAVIER)

91 — Le Modèle.

C'est un Turc entouré d'accessoires d'atelier.

Signé à gauche sur un carton à dessin.

Sur toile. Haut. 31 cent.; larg. 23 cent.

LETHIÈRE

(GUILLAUME-GUILLON — 1760-1832)

92 — Herminie et les Bergers.

Arrivée au milieu des bergers, la jeune guerrière se hâte de lever son casque et de se faire connaître à ses hôtes.

Sur toile. Haut. 81 cent.; larg. 1 m.

MARILHAT

93 — Entrée d'un Palais Turc.

Sur toile. Haut. 34 cent.; larg. 50 cent.

MARTIN

(P. D.)

(Peintre ordinaire du roi)

94 — Vue d'un Château, au fronton duquel se trouvent les armes de Villeroi.

Prise à vol d'oiseau, la vue embrasse toute la propriété : Villages, Parc, Jardins, Château s'y voient rendus dans leurs moindres détails. Un grand nombre de personnages, figurant un départ pour la chasse, remplissent d'animation ce tableau. Carrosses, Cavaliers, Piqueurs, traversent ses longues cours, ses ponts, et viennnent se réunir au maréchal de Villeroi qui est à cheval sur le premier plan entouré de Gentilshommes, Cavaliers, etc., etc.

Le fini et l'exécution rendent ce tableau très-précieux. Les ouvrages de Martin sont très-rares et très-recherchés.

Signé en bas à droite.

Sur toile marouflée sur panneau. Haut. 1 m. 11 cent.; larg. 87 cent.

MIGNARD

(PIERRE)

95 — Portrait d'Anne d'Autriche en costume de veuve.

Elle est représentée assise et de grandeur naturelle dans une vaste chambre à coucher d'une remarquable architecture. Un voile noir rejeté en arrière lui couvre la tête; des boucles d'oreille, un collier de perles, des bracelets avec ferrets en brillants forment sa seule parure. Elle tient un livre de la main droite, la gauche est appuyée sur un des bras de son fauteuil.

Ce portrait, peint d'après nature, est une des œuvres capitales de Mignard qui a su rendre avec exactitude la beauté des mains de la reine.

Sur toile. Haut. 2 m. 43 cent.; sur 1 m. 81 cent.

MIGNARD

(PIERRE)

96 — Portrait de Monseigneur Le Tellier, Archevêque de Reims, premier pair de France, né en 1642, mort en 1710; Fils du chancelier Michel Le Tellier, et frère du Marquis de Louvois.

Gravé par Edelinck, 1692.

Il est assis dans sa bibliothèque, un bras appuyé sur une table et tenant une lettre dans sa main, sur laquelle

est écrit : « Charles Maurice Le Tellier, archevêque, duc
« de Reims, premier pair de France, commandeur de
« l'ordre du Saint-Esprit, âgé de 49 ans. »

Signé à droite dans la bibliothèque et daté 1691.

Sur toile. Haut. 1 m. 27 cent.; larg. 95 cent.

MOREAU

(LOUIS)

97 — Intérieur de Parc.

Des arbres, un escalier monumental dont les marches
descendent jusqu'au bord d'une petite rivière, occupent
le second plan.

Des figures touchées avec esprit animent le paysage et
font de ce tableau un délicieux ensemble.

Signé L. M. à gauche sur une pierre.

Peint sur bois. Haut. 37 cent.; larg. 31 cent.

MOREAU

(LOUIS)

98 — Vue prise à Saint-Cloud.

Le grand jet d'eau du parc.

Signé à droite sur une borne.

Sur toile. Haut. 49 cent.; larg. 59 cent.

NATTIER

(JEAN-MARC)

99 — Portrait de Femme.

Elle est assise sur un tertre, tenant un portefeuille à dessiner sur ses genoux. Des fleurs ornent sa chevelure. Dans le fond, on aperçoit sur le Parnasse Apollon et les Muses.

Peinture aimable et d'une belle conservation.

Signé à gauche et daté 1752.

Sur toile. Haut. 1 m. 27 cent.; larg. 95 cent.

RAGUENET

100 — Vue de l'Hôtel de Ville de Paris.

Sa façade, ses abords se voient dans leurs plus minutieux détails, ainsi qu'une partie du quai de la Grève avec ses vieilles constructions.

De nombreuses figures animent ce tableau.

Signé à gauche 1751.

Sur toile. Haut. 46 cent.; larg. 82 cent.

RAGUENET

101 — Vue du Palais des Tuileries.

La vue est prise d'un lieu élevé qui permet d'apercevoir toute la façade de ce palais, une partie de ce jardin, le quai qui le borde, enfin l'extrémité du pont Royal et la Seine. Des figures, des voitures et des bateaux amarrés en complètent l'ensemble qui donne une idée exacte du Paris d'autrefois.

Pendant du précédent.

Signé à gauche et daté 1753.

Sur toile. Haut. 46 cent.; larg. 82 cent.

RÉGNAULT

(Le baron)

102 — Renaud et Armide.

Dans un sombre bocage, Armide est rejointe par Renaud après la prise de Jérusalem. Gravé.

Sur toile. Haut. 62 cent.; larg. 75 cent.

RÉGNAULT

(Le baron)

103 — Le Baiser.

Une jeune femme, assise sur un lit de repos près duquel brûlent des parfums, reçoit un baiser de l'Amour qu'elle presse contre son sein.

Signé à droite.

Sur bois. Haut. 44 cent.; larg. 33 cent.

RIGAUD

(HYACINTHE)

104 — Portrait d'Homme.

Il est assis dans un fauteuil doré près d'une table couverte d'un tapis sur laquelle est une écritoire d'argent. Il tient une plume d'une main et de l'autre une lettre sur laquelle on lit : « au Roy. »

Gravé par Drevet en 1726, avec cette mention : Charles-Gaspard Dodun, contrôleur général des finances, peint en 1724.

Sur toile. Haut. 1 m. 45 ; larg. 1 m. 12.

ROBERT

(HUBERT)

105 — Ruines de l'ancienne Rome.

La colonne Trajane et les ruines du Colysée se voient au second plan près d'une rivière au bord de laquelle est un lavoir. Sur l'autre rive, au premier plan, gisent à terre des fragments d'entablements et de colonnes. De nombreuses figures de laveuses animent cette importante composition.

Sur toile. Haut. 2 m. 66 cent.; larg. 2 m. 7 cent.

ROBERT

(HUBERT)

106 — Ruines romaines.

La façade du Panthéon, un obélisque, une statue sur un autel, des débris d'architecture, et une fontaine dans laquelle des personnages puisent de l'eau, forment l'ensemble de ce tableau.

Su toile. Haut. 2 m. 17 cent.; larg. 1 m. 16 cent.

4

ROBERT

(HUBERT)

107 — L'Ermite.

Un religieux a établi son ermitage dans les ruines d'un ancien temple monté dans un vaste bassin de pierre qui lui sert de chaire à prêcher; mais tous, hommes, femmes, enfants, sont ensevelis dans un profond sommeil.

Signé à droite et daté 1792.

Ovale. Haut 62 cent.; larg. 79 cent.

ROBERT

(HUBERT)

108 — Les Cruches cassées.

Des jeunes filles viennent emplir leurs cruches à une fontaine monumentale; mais un jeune homme, en leur disputant le jet d'eau, brise leur vase; sur une grosse pierre est écrit « tant va la cruche à l'eau. » — Cette scène se passe sur une place entourée de monuments à demi ruinés.

Signé à gauche et daté 1788.

Sur toile, ovale. Haut. 62 cent.; larg. 79 cent.

ROEHN

(ALPHONSE)

109 — Les Reproches.

Signé à droite.

Sur toile. Haut. 45 cent.; larg. 37 cent.

RONMY

(G. F.)

110 — Une Diseuse de bonne aventure.

Paysage avec figures. Vue prise en Italie.

Signé et daté 1820. — Exposé en 1822.

Sur toile. Haut. 34 cent.; larg. 85 cent.

SABLET

(FRANÇOIS, surnommé LE ROMAIN)

111 — Portrait de l'artiste.

Près de son chevalet, sur lequel sont posés des croquis, il est debout appuyé contre une table et taille son crayon. Winckelmann disait de cet artiste « qu'il avait un pinceau fin et agréable. »

Signé à gauche et daté 1788.

Sur toile. Haut. 45 cent.; larg. 34 cent.

SABLET

(FRANÇOIS, surnommé LE ROMAIN)

112 — Portrait d'Homme appuyé sur un mauso-lée dans un cimetière turc.

On croit que c'est M. de Choiseul-Gouffier, ambassadeur en Turquie.

Signé et daté 1790.

Haut. 60 cent.; larg. 48 cent.

SANTERRE

113 — Portrait de Femme tenant un masque.

Gravé par GIFFART, sous le nom de Mme DE MOUCHY.

Sur toile. Haut. 91 cent.; larg. 73 cent.

SANTERRE

114 — Tête de Jeune Femme.

Très-bonne peinture de Santerre, rappelant la *Suzanne au bain* du Musée.

Sur toile. Haut. 59 cent.; larg. 48 cent.

SWEBACH

115 — Convoi Militaire.

Il parcourt un pays montagneux ; ses chariots, ses voitures de bagage, son artillerie qui traversent un pont, forment une colonne dont la tête est près d'atteindre une petite ville que l'on aperçoit au loin. Il se termine sur le premier plan par une pièce d'artillerie traînée par quatre chevaux et suivie d'un cavalier cuirassé.

Signé du monogramme : S. W.

Sur toile. Haut. 31 cent.; larg. 30 cent.

SWEBACH

116 — Halte de Chasseurs.

Des chasseurs, les uns à pied, les autres à cheval, sont arrêtés près d'une maison de paysan.

Signé à droite sur une borne : Édouard SWEBACH, 1821.

Sur toile. Haut. 33 cent.; larg. 40 cent.

SWEBACH

117 — Halte de Militaires.

Une paysanne invite des cavaliers à entrer dans sa
ferme, construite dans les ruines d'un vieux château fort;
dans le fond, on aperçoit au loin, dans un délicieux paysage, des fantassins et d'autres cavaliers.

Signé à droite S. W., 1801.

Sur bois. Haut. 20 cent.; larg. 34 cent.

TAUNAY

(N. A.)

118 — L'Amour et la Folie.

Conduit par la Folie devenue son guide, l'Amour
aveugle vient, en passant, de frapper au cœur Pygmalion
qui, debout dans son atelier, contemplait sa statue.

Nota. L'auteur a représenté Pygmalion sous les traits
de Girodet, son ami, qui venait de peindre une Galathée.

Sur toile, forme ronde. 45 cent.

TAUNAY

(N. A.)

119 — **L'Enfant et la Fortune.** (Fable).

Pendant du précédent.

Sur toile, forme ronde. 45 cent.

TAUNAY

(N. A.)

120 — **Paysage.**

Il représente une vallée pittoresque animée de figures finement touchées.

Sur toile. Haut. 21 cent.; larg. 26 cent.

TOCQUÉ

(LOUIS)

121 — **Portrait d'Ermence de Montmorency.**

Des cheveux poudrés encadrent son visage et retombent en boucles légères sur ses épaules. Sa robe de satin est presque entièrement couverte par un riche vêtement qu'elle ramène de sa main gauche.

Sur toile. Haut. 88 cent.; larg. 70 cent.

TOCQUÉ

(LOUIS)

122 — Portrait de De Launay, gouverneur de la Bastille.

Il est représenté dans sa jeunesse, vu en buste, portant une cuirasse par dessus son habit.

A gauche est écrite la légende suivante surmontée de ses armes :

« Pierre René Cordier Delaunay, chevalier capitaine au régiment royal Piémont, gouverneur maréchal des logis de la cavalerie et maistre de camp. »

Sur toile. Haut. 80 cent.; larg. 64 cent.

TOCQUÉ

(LOUIS)

123 — Portrait d'Homme.

M. de la Quintinie devant une table sucrant une tasse de café.

Sur toile. Haut. 1 m., larg. 80 cent.

DE TROY

(JEAN-FRANÇOIS)

124 — Portrait de Louis, dauphin, fils de Louis le Grand.

Gravé par Van Schuppen, en 1684.

Ovale sur toile. Haut. 67 cent.; larg. 55 cent.

TOURNIÈRES

(ROBERT)

125 — Portrait d'Homme.

Il est debout, vu à mi-jambes, vêtu d'un habit brodé d'or; ses mains, dans l'une desquelles il tient une plume, sont posées sur un portefeuille placé sur une table de bois doré.

Sur toile. Haut. 1 m. 27 cent.; larg. 95 cent.

VALLIN

126 — Paysage.

A l'horizon borné par des montagnes, on aperçoit une ville au bord d'un lac, puis une campagne boisée.

Signé à gauche.

Sur bois. Haut. 37 cent.; larg. 55 cent.

VALLIN

127 — Vénus et l'Amour.

Vénus est assise, sa main droite est posée sur une colombe et de la gauche elle soutient l'Amour qui, debout près d'elle, lui donne un baiser.

Signé à droite.

Sur bois. Haut. 43 cent.; larg. 35 cent.

VALLIN

128 — Paysage avec Cascade et baigneuses.

Signé à droite et daté 1795.

Sur toile. Haut. 24 cent.; larg. 31.

VAN LOO

(JEAN-BAPTISTE)

129 — Portrait de Gaspard Duchange, GRAVEUR DU
ROI ET CONSEILLER EN SON ACADÉMIE ROYALE DE PEINTURE, né
à Paris le 9 avril 1662.

Gravé par Dupuis (N. G.) son gendre.

Sur toile. Haut. 80 cent.; larg. 64 cent.

VAN LOO

(JEAN-BAPTISTE)

130 — Portrait de sa petite fille Catherine.

Esquisse peinte.

Sur toile. Haut. 18 cent.; larg. 15 cent.

VERNET

(JOSEPH)

131 — Paysage, Marine.

Un large fleuve occupe le centre du tableau jusqu'à un
horizon lointain éclairé par un soleil couchant qui dessine

dans la vapeur les silhouettes d'une ville et d'un pont. Au second plan sur la rive, à droite, est un ancien temple et une promenade plantée d'arbres au pied de rochers élevés. Sur l'autre rive, des arbres se détachent sur un ciel clair légèrement nuageux. Sur le premier plan sont des laveuses, un batelier, un pont sous lequel des femmes se baignent.

Signé à gauche et daté 1778.

Sur toile. Haut, 86 cent.; larg. 1 m. 30 cent.

VERNET

(JOSEPH)

132 — Entrée d'un Port.

Le port occupe la droite du tableau, on aperçoit en mer des bâtiments entrant et sortant; à gauche, à l'horizon, une flottille; de nombreuses figures de pêcheurs et de matelots prenant leur repas animent les premiers plans.

Gravé. Signé à gauche sur le rocher et daté 1776.

Sur toile. Haut. 86 cent.; larg. 1 m. 30 cent.

VERNET

(JOSEPH)

133 — La Chute du Rhin près de Schaffouse.

La chute occupe le centre du tableau ; sur le premier plan un bateau aborde le rivage, des promeneurs en descendent. Le ciel est orageux ; d'autres bateaux se voient encore à différents plans.

Signé à gauche, 1779.

Sur toile. Haut. 86 cent.; larg. 1 m. 30 cent.

VINCENT

(ANDRÉ, de l'Institut)

134 — Portrait de Janvier. (Célèbre horloger.)

Buste.

Signé à droite et daté.

Sur toile. Haut. 60 cent.; larg. 49 cent.

VOUET

(SIMON)

135 — La Vierge et l'Enfant Jésus.

Assise au pied d'un arbre sur les branches duquel une draperie est jetée, la Vierge reçoit avec bonheur les caresses de l'Enfant Jésus.

Sur toile. Haut. 50 cent.; larg. 37 cent.

WILLE

(Fils)

136 — Jeune femme malade entourée de toute sa famille.

Signé à droite P. a, Wille fils, 1784. *Pinxit*, n° 73.

Sur toile. Haut. 1 m. 12 cent.; larg. 1 m. 29 cent.

WILLE

(Fils)

137 — Une Jeune Fille.

Sa robe est de soie bleue, une écharpe de satin blanc entoure sa taille et un ruban bleu retient ses cheveux. Buste.

Sur toile, ovale. Haut. 64 cent.; larg. 52 cent.

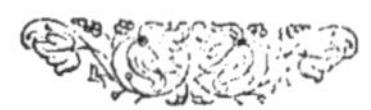

ORDRE DES VACATIONS

COLLECTION

DE

M. BOITTELLE

SÉNATEUR

TABLEAUX FRANÇAIS

AVIS

La Vente commencera à deux heures ; la présente
feuille de Vacations n'indique pas l'ordre dans lequel
les Tablea   seront vendus.

PREMIÈRE VACATION

Le Mardi 24 Avril 1866

1   Aubry.— La Première Leçon d'Amitié fraternelle.

3   Berré.— Paysage et Animaux.

4   Billecoq.— Accessoires.

5   Boilly.— La Mère de famille.

6   Boilly.— Les Caresses maternelles.

7   Boilly.— Les deux Sœurs.

8   Boilly.— Avant la Toilette.

9   Boilly.— Les Doux Effets de l'Harmonie.

10   Boilly.— L'Enfant au Chat.

11   Boissieu.— Tête de Vieillard.

19   Bruandet.— Paysage avec figures.

20   Casanova et Hue.— Paysage et animaux.

21   Challe.— La Lecture.

22   Challe.— L'Amour guidant la Beauté.

23   Chardin.— Portrait de Mme Du Chatelet.

24   Charlet.— L'Embuscade.

25   Charpentier.— L'Écolier.

26   Chatelet.— Paysage.

27   Chatelet.— Paysage.

29   Danloux.— Une jeune Mère.

DEUXIÈME VACATION

Le Mercredi 25 Avril 1866

104 RIGAUD.— Portrait d'homme.

105 HUBERT ROBERT.— Ruines de l'ancienne Rome.

106 HUBERT ROBERT.-- Ruines romaines.

107 HUBERT ROBERT.— L'Ermite.

108 HUBERT ROBERT.— Les Cruches cassées.

113 SANTERRE.— Portrait de femme tenant un masque.

114 SANTERRE.— Tête de jeune femme.

118 TAUNAY.— L'Amour et la Folie.

119 TAUNAY.— L'Enfant et la Fortune.

120 TAUNAY.— Paysage.

121 TOCQUÉ.— Portrait d'Ermance de Montmorency.

122 TOCQUÉ. Portrait de De Launay.

123 TOCQUÉ.— Portrait d'homme.

124 DE TROY — Portrait de Louis Dauphin.

125 ROBERT TOURNIÈRES.— Portrait d'homme.

131 J. VERNET.— Paysage. Marine.

132 J. VERNET.— Entrée d'un Port.

133 J. VERNET.— La Chute du Rhin.

135 SIMON VOUET,— La Vierge et l'enfant Jésus.

136 WILLE le fils.— Jeune Femme malade.

137 WILLE, le fils.— Une jeune fille.

Imprimerie de PILLET FILS AINÉ, rue des Grands-Augustins, 5.